D1731427

Anselm Grün

Engel

des
Trostes

HERDER

FREIBURG · BASEL · WIEN

*T*rost ist
immer dann gefragt,
wenn wir einen
Verlust erfahren haben,
wenn eine Freundschaft
zerbrochen ist,

wenn ein Mensch

uns tief verletzt hat,

wenn ein

geliebter Mensch

im Tod von uns

gegangen ist.

$\mathcal{W}$ie die Erfahrung
des Trostes
verschieden sein kann,
das zeigt uns ein Blick
auf die Sprache.

Das deutsche Wort „Trost"

kommt vom gleichen

Wortstamm wie Treue.

Es hat mit Festigkeit zu tun.

*W*er einen Verlust erlitten hat,
der verliert sein Gleichgewicht.

Er braucht jemanden,
der ihm wieder
Festigkeit und
Standvermögen schenkt.

*D*ie griechische Bibel
verwendet für
das Wort „trösten"
parakalein.

Es bedeutet:

herbeirufen, einladen,

zur Hilfe auffordern,

ermuntern, trösten,

mit guten Worten

zusprechen.

Wer an einer
Mangelerfahrung leidet,
braucht einen Engel,
der ihm zur Seite steht,
der ihm unter die
Arme greift,
wenn er es nötig hat,
und der ihm gut zuredet.

Trösten geschieht

vor allem im Zusprechen,

im Zusprechen von Worten,

die wieder einen Sinn stiften

in der Sinnlosigkeit,

den jeder Verlust

erst einmal verursacht.

Aber Worte dürfen
kein bloßes Vertrösten sein.
Solches Vertrösten
geht am Menschen vorbei.
Im Vertrösten rede ich nicht gut zu,
sondern am andern vorbei.

Ich sage –

vielleicht aus eigener Hilflosigkeit –

irgend etwas,

von dem ich aber selbst

nicht überzeugt bin.

*I*ch nehme

Worte in den Mund,

die keinen

echten Halt geben,

keinen Sinn stiften.

Trösten jedoch heißt:

zum Herzen des anderen
hin sprechen, Worte sagen,
die ihn erreichen,
die ihm ganz persönlich gelten,
die sein Herz meinen
und von Herzen kommen.

Trösten heißt:
Worte finden
von Herz zu Herz, Worte,
die aus meinem
Herzen kommen
und nicht auf
irgendwelche leeren
Floskeln zurückgreifen,

Worte, die das Herz
des andern berühren,
die ihm einen neuen
Horizont eröffnen
und einen festen Stand
ermöglichen können.

*I*m Lateinischen

heißt „trösten“

consolari.

Es bedeutet letztlich:

mit dem sein,

der allein ist,

der alleingelassen ist

mit seinem Schmerz,

mit seinem Verlust,

mit seiner Not.

Trösten heißt dann:

eintreten bei dem,

der in sich selbst verschlossen ist,

dem die Not den Mund

und das Herz verschlossen hat.

Nicht jeder kann das.

    Nicht jeder hat den Mut,

bei dem anzuklopfen,

    der sich hinter seinem

Schmerz verschanzt hat.

Nicht jeder hat den Mut,

in ein Trauerhaus einzutreten,

in dem ihn zunächst einmal

die abgründige Not und

Einsamkeit des andern erwarten.

Mit dem anderen, wirklich bei *ihm* zu sein

heißt auch: seinen Schmerz teilen

und bei ihm in seinem Schmerz bleiben,

wenn und solange er es mag.

*I*ch kann
niemanden
von außen her trösten,
indem ich
auf fromme Worte
zurückgreife,
die ich anderswo
gelesen habe.

Ich muss bei ihm
ganz persönlich eintreten.
Ich muss es aushalten
in seinem Haus
der Dunkelheit,
der Zerrissenheit,
des Leids.

*W*enn du
es vermagst,
in das Haus
der Trauer einzutreten,
dann empfindet dich
der Trauernde
wie einen Engel
des Trostes.

Dann erfährt er,

dass in dir

der Engel Gottes

ihn besucht wie

„das aufstrahlende Licht

aus der Höhe"

(Lukas 1,78). ❧

Seit jeher
haben Menschen
in ihrem Schmerz
den Engel des Trostes
herbeigesehnt,

dass er zu ihnen
kommen
und bei ihnen
bleiben möge.

*E*indrucksvoll

hat das Johann Sebastian Bach

in seiner Tenorarie

aus der Kantate

zum Michaelisfest

besungen:

„Bleibt ihr Engel, bleibt bei mir!

Führet mich auf beiden Seiten,

dass mein Fuß nicht möge gleiten."

*E*s ist

ein inbrünstiges Lied,

das darauf vertraut,

dass wir nicht

alleingelassen sind

mit unserem Leid,

sondern dass

die Engel Gottes

uns begleiten

und bei uns bleiben

und ausharren,

bis sich unser Schmerz

in ein Danklied

verwandelt.

Ich wünsche dir,

dass auch dich

in deiner Trauer

ein Engel tröstet,

dass er dir neue

Standfestigkeit verleiht,

wenn du ins Wanken

geraten bist,

dass er zu deinem

Herzen spricht

mit guten Worten,

wenn du vor Schmerz

sprachlos geworden bist.

*I*ch wünsche dir,

dass er dich

in deiner Einsamkeit besucht

und dir das Gefühl vermittelt:

Du bist nicht mehr allein –,

dass du einen Engel

an deiner Seite spürst,

der alle Wege mit dir geht,

auch jetzt.

Wenn du um den
Engel des Trostes weißt,
dann kannst du dich
getrost deiner Trauer stellen,
dann musst du sie nicht überspringen.

*G*etröstete Trauer
wird dich nicht mehr lähmen,
sondern dich tief
in das Geheimnis
deines eigenen Seins führen

und in das Geheimnis Jesu Christi,

der herabgestiegen ist

in unsere Trauer

als der „Trost der ganzen Welt".

Alle Rechte vorbehalten – Printed in Italy
© Verlag Herder Freiburg im Breisgau 2006
www.herder.de
Gesamtgestaltung: Ulrich Ruf, Sölden bei Freiburg
Herstellung: L.E.G.O. Olivotto S.p.A., Vicenza 2006
Gedruckt auf umweltfreundlichem,
chlorfrei gebleichtem Papier
ISBN 13: 978-3-451-28986-6
ISBN 10: 3-451-28986-5